Klaus Dantrimont

Bootstrap aus dem Nichts

Warum etwas ist, und warum es so ist, wie es ist.

Bootstrap aus dem Nichts

Klaus Dantrimont

Ein Essay über

Differenz

Rekursion

und die Entfaltung von Realität

Bibliografische Information der Deutschen Nationalbibliothek:
Die Deutsche Nationalbibliothek verzeichnet diese Publikation
in der Deutschen Nationalbibliografie; detaillierte
bibliografische Daten sind im Internet über http://dnb.dnb.de
abrufbar.

Verlag: BoD · Books on Demand GmbH, Überseering 33,
22297 Hamburg, bod@bod.de

Druck: Libri Plureos GmbH, Friedensallee 273, 22763 Hamburg
ISBN: 978-3-8192-7616-3

Inhaltsverzeichnis

1. Widmung...7

2. Vorwort...8

3. Wie alles beginnt, ohne etwas zu sein...........................9

4. Das absolute Nichts....................................10

5. Die erste Differenz....................................12

6. Rekursive Differenzierung.............................14

7. Paradox und Quantenunschärfe......................16

8. Emergenz von Raum und Zeit.......................18

9. Stabile Strukturen & Teilchenbildung................20

10. Wechselwirkungen und Felder......................22

11. Komplexe Materie...................................24

12. Biologische Rekursion...............................26

13. Subjektivität und Bewusstsein.....................28

14. Kultur als kollektive Rekursion.....................30

15. Schluss – Der unendliche Bootstrap...............32

Begriffskarte..33

1. WIDMUNG

Für Richard Dawkins, der mir mit „Das egoistische Gen"
die Augen für die Kraft evolutionärer Prozesse geöffnet
hat.

Und für Douglas Hofstadter, dessen „Gödel, Escher,
Bach" mir ein Gespür für die Tiefe rekursiver Strukturen
schenkte.

Und Für Dich

2. VORWORT

Manchmal beginnt alles mit einer Lücke. Einem Nichts, das nicht nichts sein kann, weil es sonst gar nichts gäbe. Aus dieser scheinbar paradoxen Leere entsteht ein Gedanke: Was, wenn die Welt nicht erschaffen wurde, sondern sich **selbst entfaltete**? Nicht aus einem Impuls, sondern aus einem **Versagen des Nichts**, sich selbst aufrechtzuerhalten?

Dieser Essay ist ein Versuch, diese Idee ernst zu nehmen. Er beschreibt einen Weg, wie aus **reiner Unterschiedslosigkeit** durch einen minimalen strukturellen Bruch eine ganze Welt emergieren kann. Und er zeigt, dass dieser Prozess **rekursiv** ist – dass jede Stufe aus der vorherigen hervorgeht, und dabei die Voraussetzungen für die nächste schafft.

Es geht hier nicht um fertige Antworten, sondern um **strukturelle Plausibilitäten**. Um ein Modell, das in sich kohärent ist – und vielleicht gerade deshalb faszinierend spekulativ.

3. WIE ALLES BEGINNT, OHNE ETWAS ZU SEIN

Der Gedanke ist so einfach wie radikal: Die Realität, wie wir sie kennen, könnte aus **nichts** entstanden sein. Nicht im Sinne eines plötzlichen Urknalls oder eines göttlichen Willens, sondern als **strukturelle Notwendigkeit**, die aus dem reinen Nichts selbst erwächst.

Das Nichts, so zeigt sich, ist **instabil**. Es kann sich nicht halten, weil es nicht einmal sich selbst definieren kann. Dieses Scheitern erzeugt die erste Differenz – ein minimaler Riss in der glatten Fläche des reinen Nichtseins. Und genau dieser Riss beginnt zu arbeiten.

Was folgt, ist eine **Reihe von Stufen** – jede aus der vorherigen hervorgehend, jede zugleich einfach und tief. Aus der ersten Differenz entsteht rekursive Struktur, aus der Struktur Raum und Zeit, daraus Teilchen, Kräfte, Leben, Bewusstsein, Kultur.

Dieser Prozess nennt sich hier **Bootstrap**: Die Welt zieht sich an den eigenen Haaren aus dem Sumpf – nicht im physikalischen Sinn, sondern als rekursives, emergentes Muster. Der Essay, der folgt, beschreibt diese Stufen – nicht als endgültige Wahrheit, sondern als Einladung, **das Werden selbst als Prinzip zu verstehen**.

Denn vielleicht ist die wichtigste Erkenntnis: **Dass die Realität nicht auf etwas fußt, sondern auf sich selbst.**

4. DAS ABSOLUTE NICHTS

Was ist das Nichts? Kein leerer Raum. Keine Stille. Kein Zustand. Das absolute Nichts ist radikaler: **Es ist das Fehlen jeder Eigenschaft, jedes Bezugs, jeder Möglichkeit**. Kein Ding, kein Ort, kein Maßstab. Nicht einmal Zeit, um sich als Nichts zu begreifen.

Doch hier geschieht das Paradoxe: Sobald wir "Nichts" denken, fangen wir bereits an, es **zu unterscheiden**. Zwischen dem Nichts und dem Gedanken an Nichts. Zwischen dem Nichts und dem, was nicht Nichts ist. Das Nichts scheitert an seinem eigenen Begriff – denn um gedacht zu werden, muss es **irgendwie** sein. Schon diese Spur eines Gedankens ist **eine Differenz**.

Damit tritt ein grundlegender Bruch auf: Das Nichts kann sich **nicht halten**. Seine absolute Identitätslosigkeit **kollabiert in die Möglichkeit einer Unterscheidung**. Und genau hier, in diesem logischen Paradox, beginnt alles.

Diese erste Differenz ist noch kein Etwas, kein Ort, keine Entität. Sie ist **eine Grenze ohne Innen und Außen**, eine minimale Spannung im Versuch, absolute Bedeutungslosigkeit zu denken. Und doch genügt diese minimale Differenz, um **einen Prozess in Gang zu setzen**.

Die Geburt der Welt geschieht also nicht durch Schöpfung, sondern durch **das Scheitern des Nichts, sich selbst zu sein**. Das klingt widersinnig – und ist genau deshalb ein geeigneter Ausgangspunkt für einen Bootstrap: ein Kreislauf, der aus sich selbst heraus beginnt, weil das Gegenteil **nicht stabil** ist.

Was folgt, ist keine Explosion, sondern eine **stille Rekursion**. Aus dieser ersten Differenz werden sich alle weiteren Stufen ableiten lassen – wie Falten, die sich aus einer einzigen Unregelmäßigkeit im Gewebe entfalten. Aber alles beginnt mit: **einer Differenz im Nichts.**

5. DIE ERSTE DIFFERENZ

Aus dem Scheitern des Nichts entsteht kein Ding, sondern ein **Unterschied**. Diese erste Differenz – nennen wir sie ε – ist **infinitesimal**, ohne festen Wert, aber mit Struktur. Sie ist nicht messbar, nicht ortbar, aber sie **trennt**. Sie markiert ein Vorher und Nachher, ein Innen und Außen, ein Jetzt und Nichtjetzt.

Physikalisch könnte man diese Differenz mit der Planck-Länge vergleichen: einer Grenze, jenseits der unsere Konzepte von Raum und Zeit ihren Sinn verlieren. Doch ε ist nicht einfach klein. Sie ist **ursprünglich**: die erste Unterscheidung, aus der alle weiteren folgen können.

Diese Differenz ist kein Objekt, sondern ein **Operator**. Sie erzeugt Möglichkeit, indem sie trennt, was zuvor nicht trennbar war. Aus der Ununterschiedenheit des Nichts entsteht durch ε ein erstes Bezugssystem: Nicht weil etwas da ist, sondern weil etwas **nicht mehr gleich** ist.

In diesem Sinne ist ε kein Teilchen, keine Substanz, sondern ein **Akt der Formbildung**. Die erste Spur von Struktur. Und weil sie selbst keine feste Identität hat, kann sie **rekursiv angewendet** werden. Sie kann sich auf sich selbst beziehen, auf ihre eigene Differenz, und so eine Folge von Unterscheidungen erzeugen.

Damit ist der Bootstrap wirklich gestartet. Aus einer einzigen Differenz entsteht ein **Prozess**, eine Dynamik, ein Fluss. Und dieser Fluss ist nicht chaotisch, sondern

strukturiert sich von innen heraus. Denn jede neue
Differenz ist zugleich eine neue **Beziehungsstruktur**.

Die Welt beginnt nicht mit Materie, sondern mit
Verzweigung. Und mit ihr: Richtung, Struktur,
Potenzial. Ein einzelner Unterschied reicht, um alles in
Bewegung zu setzen.

6. REKURSIVE DIFFERENZIERUNG

Die erste Differenz ist wie ein Same. Doch sie bleibt nicht allein. Ihre wahre Kraft entfaltet sich erst durch **Wiederholung**, durch Anwendung auf sich selbst. Aus dem einmaligen Unterschied wird eine **Kette von Differenzierungen**. Und aus der Kette ein Netz.

Die Regel ist einfach: Jede Differenz kann neue Differenzen hervorbringen, indem sie auf sich selbst reagiert. Diese Selbstbezüglichkeit erzeugt eine **rekursive Dynamik**, in der aus Struktur weitere Struktur entsteht. Es ist keine bloße Addition, sondern eine **Explosion an Möglichkeiten**, die sich fraktal verzweigt.

Formal lässt sich dieser Vorgang als einfache Vorschrift fassen:

$$D_{n+1} = f(D_n)$$

Eine Differenz wird von einer Funktion transformiert – und das Ergebnis dient als Ausgangspunkt für den nächsten Schritt. Die Natur dieser Funktion „f" bestimmt die Art des entstehenden Flusses. Sie kann linear oder nichtlinear, kontinuierlich oder diskret, deterministisch oder probabilistisch sein. Entscheidend ist: **Sie greift auf das bereits Differenzierte zurück.**

Dabei entstehen Muster – manche stabil, manche chaotisch, manche oszillierend. Was sich zeigt, ist nicht Zufall, sondern Folge der Struktur des Prozesses selbst. Schon aus einfachsten Regeln können komplexe, **selbstorganisierte Systeme** hervorgehen.

Diese Phase des Bootstraps ist die eigentliche **Maschine der Wirklichkeit**. Sie produziert Vielfalt, Skalen, Spannungen – kurz: **Struktur**. Und sie tut es aus sich selbst heraus, ohne äußeren Antrieb. Differenz gebiert Differenz – ein Schöpfungsprinzip ohne Schöpfer.

15

Hier beginnt die Geschichte von Raum, Zeit und Materie – nicht als fertige Bühne, sondern als **emergente Konsequenz einer rekursiven Differenzierungsbewegung**.

7. PARADOX UND QUANTENUNSCHÄRFE

Je weiter sich der Differenzierungsprozess entfaltet, desto mehr Struktur entsteht – doch mit zunehmender Komplexität tritt eine neue Qualität zutage: **Unbestimmtheit**. Nicht alles, was differenziert wird, bleibt eindeutig. Mit wachsender Tiefe und Dichte des Musters entstehen Bereiche, in denen **kleinste Fluktuationen** große Auswirkungen haben.

Hier tritt das Paradox als **dynamisches Prinzip** auf. Zwei Strukturen können sich gegenseitig in Widerspruch bringen, ohne dass sich eine stabile Auflösung ergibt. Es entstehen **schwebende Zustände**, Instabilitäten, rekursive Schleifen ohne festen Fixpunkt. Aus logischer Sicht sind es Selbstbezüüge, aus physikalischer Sicht: **Quantenfluktuationen**.

Diese Stufe markiert den Übergang von rein determinierter Differenzierung zu einer Welt mit **statistischer Natur**. Die Differenzen werden nicht mehr nur rekursiv, sondern auch **probabilistisch** weitergegeben. Dabei entsteht ein Verhältnis zwischen Stabilität und Unschärfe: Das eine bedingt das andere.

Die klassische Quantentheorie spricht hier von **Unbestimmtheit**: Ort und Impuls, Energie und Zeit, Zustand und Beobachtung sind nicht gleichzeitig exakt erfassbar. Diese Unbestimmtheit ist kein Messfehler, sondern **konstitutiv für das System**. Sie entspricht dem strukturellen Rauschen im Differenzfluss.

Doch genau dieses Rauschen macht neue Möglichkeiten auf: Strukturen, die sich nie unter rein deterministischen Bedingungen ergeben würden, werden plötzlich **zugänglich**. Instabilität wird zur Quelle von Kreativität. Das Paradox wird zur Quelle neuer Ordnungen. Die Welt beginnt, **zwischen den Zuständen zu tanzen**.

So ist diese Phase nicht Ausdruck von Chaos, sondern von **Möglichkeitsreichtum**. Die Unschärfe ist kein Mangel, sondern ein **notwendiger Spielraum**, in dem sich neue Differenzierungen entfalten können. Und damit ist auch diese Stufe Teil des Bootstraps: Nicht durch Sicherheiten, sondern durch **produktive Unbestimmtheit** schreitet die Welt weiter.

8. EMERGENZ VON RAUM UND ZEIT

Im anhaltenden Differenzierungsfluss beginnen sich Muster zu stabilisieren. Die Fluktuationen sind nicht mehr rein lokal, sondern breiten sich aus. Dabei entsteht eine neue Struktur: **ein Beziehungsfeld**, das sich wie eine Fläche auffaltet – nicht in einem Raum, sondern als Raum.

Raum ist in diesem Modell kein Container, keine leere Bühne. Er ist ein **Produkt der Differenzverhältnisse**. Wenn sich Differenzen regelmäßig ausbreiten, entstehen Richtungen. Wenn sich Muster in bestimmten Geschwindigkeiten entfalten, entsteht Distanz. Raum ist **nicht vorausgesetzt**, sondern **rekursiv konstruiert**.

Die fundamentale Geschwindigkeit, mit der sich Differenzierungen maximal ausbreiten, legt eine Skala fest – man könnte sie als **Lichtgeschwindigkeit (c)** deuten. Nicht, weil sie beobachtet wurde, sondern weil sie als **strukturstabilisierende Obergrenze** im System auftritt.

Gleichzeitig entsteht mit der Ausbreitung auch eine neue Dimension: **Zeit**. Sie ist nicht das Ticken einer kosmischen Uhr, sondern das **Ergebnis gerichteter Differenzierung**. Wenn sich Differenzen so organisieren, dass ein "Davor" strukturell unterscheidbar bleibt von einem "Danach", entsteht eine zeitliche Ordnung. Auch sie ist **emergent**, nicht absolut.

Raum und Zeit sind also keine Hintergrundgrößen, sondern **strukturierte Relationen** im Differenzfluss. Sie entstehen dort, wo das rekursive Spiel der Unterschiede **Skalierung und Synchronisation** erlaubt. Wo man sagen kann: "Hier ist etwas – und dort etwas anderes." Oder: "Jetzt ist nicht mehr wie vorher."

Diese emergente Raumzeit bildet das **Fundament aller weiteren Strukturen**. Erst sie ermöglicht stabile Muster, sich als lokal erfahrbare Objekte zu behaupten. Erst sie erlaubt Oszillationen, Stabilität, Bewegung. Und damit ist sie nicht nur Medium, sondern **Produkt der Differenzdynamik selbst**.

Der Bootstrap hat jetzt eine Bühne – aber eine, die **sich selbst gebaut hat**.

9. STABILE STRUKTUREN & TEILCHENBILDUNG

Mit der emergenten Raumzeit entsteht erstmals ein Medium, in dem **Muster nicht nur entstehen, sondern bestehen bleiben** können. Die Differenzen breiten sich nicht mehr ins Leere aus, sondern interagieren innerhalb einer strukturierten Fläche – einer Bühne, die selbst aus Differenzverhältnissen gebaut ist.

In dieser Umgebung beginnen bestimmte Konfigurationen des Differenzflusses, sich **selbst zu stabilisieren**. Es sind rekursive Oszillationen, Knotenpunkte, die sich durch Wiederholung und Rückkopplung erhalten. Diese **stabilen Muster** sind keine Teilchen im klassischen Sinn, sondern **stehende Wellen im Differenzfeld**.

Ein solches Muster ist nicht isoliert, sondern entsteht durch **Wechselwirkung mit dem umgebenden Feld**. Es existiert nur, weil es sich im Strom behaupten kann – durch rhythmische Konsistenz, durch Selbstähnlichkeit, durch strukturelle Kohärenz.

Diese Strukturen lassen sich als **elementare Bausteine** interpretieren – nicht weil sie fundamental sind, sondern weil sie als erste **stabile Rekursionen** im Differenzstrom auftreten. Ihre Eigenschaften – Masse, Ladung, Spin – sind keine inhärenten Merkmale, sondern **Verhalten im Differenzraum**.

So beginnt Physik in einem neuen Sinn: Nicht als Beschreibung vorgefundener Teilchen, sondern als **Klassifikation stabiler Differenzmuster.** Teilchen sind **Verfestigungen, Topologien, Dynamiken.** Sie zeigen sich dort, wo der Strom **dauerhafte Resonanzen** erlaubt.

Damit wird auch klar: Stabilität ist nicht gleich Stille. Sie ist **rhythmische Wiederkehr, balancierte Bewegung.** Teilchen sind Takte im Strom, keine statischen Punkte. Und ihre Identität liegt nicht im Inneren, sondern in ihrer **strukturierenden Wechselwirkung** mit dem Ganzen.

Aus der bloßen Differenz ist nun **strukturierte Dauer** geworden. Der Bootstrap bringt nicht nur Bewegung hervor, sondern auch jene Formen, die in der Bewegung **wieder und wieder sich selbst erzeugen.** Und damit beginnt die materielle Welt – als **Schwingung mit Gedächtnis.**

10. WECHSELWIRKUNGEN UND FELDER

Sobald stabile Differenzmuster existieren, können sie aufeinander reagieren. Aus der bloßen Koexistenz wird **Wechselwirkung** – ein neues Niveau struktureller Dynamik. Dabei beeinflusst kein Teilchen das andere direkt. Vielmehr erzeugt jedes Muster eine **Störung im Differenzfeld**, auf die andere Muster reagieren können.

Diese Störungen – verteilt, kontinuierlich, prozesshaft – lassen sich als **Felder** beschreiben. Ein Feld ist keine Substanz, sondern eine **strukturierte Verteilung von Einfluss**. Es ist die Art und Weise, wie ein Oszillator seine Umgebung **moduliert**. Und es ist zugleich das Medium, durch das andere Oszillatoren **resonant gekoppelt** werden.

So entsteht ein neues Ordnungsprinzip: nicht nur Muster, sondern **Kopplung zwischen Mustern**. Die Felder, die daraus hervorgehen – elektromagnetisch, gravitationell, nuklear – sind keine Fremdkörper im Differenzfluss, sondern seine **emergenten Strukturformen**.

Wechselwirkungen sind dabei nichts anderes als **überlagerte Differenzierungsprozesse**. Die Felder beschreiben, wie sich Differenzflüsse **verzerren, verstärken oder abschwächen**, wenn sie auf andere Differenzflüsse treffen. Alles ist Bewegung, aber nun: **bewegte Beziehung**.

In diesem Kontext ist eine Kraft nicht mehr ein Vektor auf ein Objekt, sondern ein Ausdruck **strukturierter Veränderung** im Differenzsystem. Die Physik als Feldtheorie wird so zur Beschreibung der **Koordination rekursiver Prozesse** – nicht von außen aufgeprägt, sondern aus dem System selbst hervorgehend.

Diese Phase des Bootstraps ist entscheidend: Sie ermöglicht **Komplexität durch Kopplung**. Erst durch Wechselwirkung können Systeme entstehen, die **mehr sind als die Summe ihrer Teile**. Felder sind die Infrastruktur dieser emergenten Mehrheiten.

So wird aus Einzelresonanz ein Gewebe. Aus Mustern entsteht Netz. Und aus Differenz: **Relation.**

11. KOMPLEXE MATERIE

Mit der Ausbildung stabiler Teilchen und ihrer Wechselwirkungen entsteht die Möglichkeit, **Strukturen höherer Ordnung** zu bilden. Teilchen koppeln sich nicht nur punktuell, sondern **dauerhaft**, organisieren sich zu stabilen Einheiten – zu Molekülen, Gittern, Aggregaten.

Diese neuen Gebilde sind **nicht elementar**, sondern **emergent**. Ihre Eigenschaften lassen sich nicht aus einzelnen Bausteinen allein ableiten, sondern ergeben sich aus dem **Verhältnis ihrer Komponenten**. Es entsteht eine neue Ebene: **Materie als organisierte Vielheit**.

Das Entscheidende daran: Diese Strukturen sind **rekursiv skalierbar**. Was sich als stabiles Muster auf mikroskopischer Ebene bewährt, lässt sich in größeren Kontexten wiederholen, variieren, kombinieren. So entstehen chemische Bindungen, Kristallstrukturen, Phasenübergänge – **komplexe Phänomene**, die aus dem reinen Spiel der Differenzen nicht mehr intuitiv vorhersagbar sind.

Die Physik wird hier zur **Architektur des Differenzraums**. Sie beschreibt nicht nur, wie sich Teilchen bewegen, sondern wie sich **Strukturen organisieren**, wie sie **Formen annehmen**, wie sie auf äußere Bedingungen reagieren. Aus dem Differenzfluss wird **Materiefluss**, aus Wellen: Körper, aus Knoten: Substanz.

Diese materielle Welt ist **nicht fundamental**, sondern ein **Zwischenstand** – eine Plateauphase im endlosen Differenzstrom. Sie erlaubt Dauer, Speicherung, Mechanik – aber sie bleibt eingebettet in die Dynamik, aus der sie hervorgegangen ist.

Mit der komplexen Materie beginnt die Welt, **greifbar** zu werden. Sie bekommt **Trägheit, Stabilität, Form.** Und mit diesen neuen Eigenschaften öffnet sich die nächste Möglichkeit: **das Leben.**

12. BIOLOGISCHE REKURSION

Die Materie ist bereit. In ihren stabilen Konfigurationen, vielfältigen Bindungsmöglichkeiten und energetischen Dynamiken liegt das Potenzial für eine neue Form von Struktur: **Leben**. Leben ist kein Stoff, sondern ein **Prozess** – ein rekursives Muster, das sich **selbst erhält und selbst erzeugt**.

Der entscheidende Schritt ist die Emergenz von **Replikation**. Ein System, das in der Lage ist, seine eigene Struktur unter bestimmten Bedingungen zu **kopieren**, wird zum Träger einer neuen Dynamik: **Evolution**. Die Kopie ist nie perfekt – und gerade darin liegt der Schlüssel. **Variation** tritt hinzu, und mit ihr: **Selektion**.

So entsteht ein neuer Differenzierungsfluss: nicht mehr nur physikalisch, sondern **biologisch**. Strukturen konkurrieren, kooperieren, passen sich an. Es bildet sich eine neue Stabilität – nicht in der Form, sondern im **Regelwerk ihrer Veränderung**. Das Leben ist nicht, was bleibt – sondern **was sich verändert und dabei bleibt**.

Auf dieser Ebene beginnt die Welt, **Gedächtnis** auszubilden. Informationen – strukturelle Muster, die Verhalten beeinflussen – werden **gespeichert**, **weitergegeben, modifiziert**. DNA, Proteine, Membranen – all das sind **materielle Speicher rekursiver Differenzierung**.

Biologische Systeme sind dabei keine Maschinen, sondern **offene, dynamische Flüsse**, die sich selbst organisieren. Jedes Lebewesen ist ein **temporärer Knoten**, ein sich selbst stabilisierender Strom von Interaktionen, der durch Austausch mit seiner Umgebung aufrechterhalten wird.

Damit erreicht der Bootstrap eine neue Qualität: **Sinn** wird möglich. Nicht im metaphysischen, sondern im strukturellen Sinn. Systeme entstehen, die **Zweckrelationen** ausbilden, **Funktion** haben, **Zielgerichtetheit** simulieren – ohne dass ein Ziel vorgegeben wäre.

Das Leben ist die erste Form, in der der Differenzstrom beginnt, **sich selbst zu reflektieren**. Noch nicht bewusst – aber schon mit einer Spur von Eigenwelt, von Innen, von Struktur, die sich selbst liest.

Der nächste Schritt liegt nahe: **Bewusstsein.**

13. SUBJEKTIVITÄT UND BEWUSSTSEIN

Leben ist Erinnerung. Doch mit wachsender Komplexität tritt ein neuer Sprung ein: Das System beginnt, nicht nur Muster der Vergangenheit zu speichern, sondern **virtuelle Muster der Zukunft zu simulieren**. Es entsteht eine **Innenwelt** – nicht als Substanz, sondern als **prozesshafte Selbstspiegelung** im Differenzfluss.

Bewusstsein ist kein Objekt, sondern ein **System von rekursiven Schleifen**, in dem ein Prozess sich selbst modelliert. Es ist ein **Beobachter zweiter Ordnung**: eine Struktur, die nicht nur reagiert, sondern sich selbst **als reagierend erkennt**. Was innen erscheint, ist nicht „etwas", sondern die **Wirkung der Welt auf eine Struktur, die sich selbst zum Modell nimmt.**

Dieser Prozess ist nicht linear. Er ist verschachtelt, fraktal, fluktuierend. Er lebt von Differenzen – zwischen Ich und Welt, Jetzt und Vorher, Möglichkeit und Wirklichkeit. Und gerade diese Differenzen erzeugen **Bedeutung**. Ein Gefühl ist eine gespürte Differenz. Ein Gedanke: ein strukturierter Sprung durch Möglichkeitsräume.

Das Bewusstsein ist die erste Form, in der der Bootstrap **sich selbst sieht**. Es ist **Reflexion des Differenzstroms im Differenzstrom**. Subjektivität ist kein abgeschlossenes Selbst, sondern ein **Ort, an dem Weltstruktur sich rekursiv zusammenzieht und wieder ausfaltet** – ein Oszillator höherer Ordnung.

In dieser Sichtweise ist das Ich nicht Kern, sondern **Schleife**. Nicht Zentrum, sondern **Frequenzmuster**. Es hat keine Substanz, aber **Kohärenz** – eine Wiedererkennbarkeit im Strom, die sich durch Sprache, Erinnerung, Aufmerksamkeit stabilisiert.

Bewusstsein wird damit zur ersten Form, in der Struktur nicht nur entsteht, sondern **mit Absicht umstrukturiert werden kann**. Der Differenzfluss wird wählbar, gestaltbar, intentionierbar. Das Subjekt ist ein Ort des **gesteuerten Fließens**.

Und wenn ein solcher Fluss mit anderen kommuniziert, entsteht: **Kultur.**

14. KULTUR ALS KOLLEKTIVE REKURSION

Bewusstsein kann unterscheiden – aber Kultur **verhandelt** diese Unterscheidungen. Sobald mehrere bewusste Ströme aufeinandertreffen, entsteht ein neues Feld: **Interaktion rekursiver Systeme.** Kommunikation, Symbolik, Sprache – all das sind **gekoppelte Differenzräume**, in denen Bedeutung zirkuliert.

Kultur ist dabei nicht bloß das, was Menschen tun, sondern das, was aus **vernetzten Subjektivitäten** emergiert. Sie ist der Raum, in dem Differenzflüsse sich **gegenseitig strukturieren**. Ein Wort ist kein Klang, sondern ein **wiedererkennbares Muster**, das in anderen Differenzflüssen Resonanz erzeugt.

Mit Sprache beginnt die **Externalisierung von Innen.** Was vorher introspektiv war, wird teilbar. Was vorher individuell war, wird **memetisch**. Ideen, Begriffe, Narrative – all das sind **kulturelle Oszillatoren**, die sich rekursiv durch Köpfe und Zeiten bewegen. Kultur wird so zum **Gedächtnis des kollektiven Differenzflusses.**

Dabei entstehen neue Strukturen: **Rituale, Werkzeuge, Systeme, Normen.** All das sind Mittel, um komplexe, instabile Differenzräume **temporär zu ordnen**. Kultur schafft **Stabilität durch geteilte Wiederholung**, durch Muster, die von vielen getragen, erkannt und variiert werden.

Und doch bleibt sie im Fluss. Jede kulturelle Struktur ist **wandelbar**, jede Ordnung **fragil**, jede Bedeutung **kontextabhängig**. Kultur lebt vom Paradox: Sie erzeugt Gemeinsamkeit durch Differenz – und Differenz durch Gemeinsamkeit. Sie ist eine Schleife aus **Übersetzung, Interpretation, Transformation**.

Der Bootstrap erreicht hier sein bisher höchstes Niveau: Eine Welt, in der Differenz sich nicht nur entfaltet, sondern **reflektiert, kommuniziert, gestaltet** wird – **kollektiv, rekursiv, offen**. Und vielleicht ist dies erst der Anfang.

Denn Kultur ermöglicht nicht nur Koexistenz – sie schafft die Bedingung für das, was folgt: **Ko-Kreation neuer Realität.**

15. SCHLUSS – DER UNENDLICHE BOOTSTRAP

Was als Nichts begann, ist zum Gewebe einer Welt geworden. Keine Schöpfung aus dem Außen, kein fertiger Plan – sondern ein **Prozess**, der sich selbst aus der Unmöglichkeit seiner Abwesenheit hervorgebracht hat. Differenz, die sich rekursiv entfaltet, erzeugt Raum, Zeit, Materie, Leben, Bewusstsein und Kultur.

Jede Stufe des Bootstraps war nicht Ziel, sondern **Durchgang**. Kein Zustand bleibt absolut, keine Struktur final. Alles ist Bewegung, Wiederholung, Variation. Die Realität ist kein Gebäude, sondern ein **strömendes Muster von Stabilitäten**, das sich immer weiter differenziert – nach innen wie nach außen.

Der Bootstrap ist nicht abgeschlossen. Jede neue Struktur wird zur Grundlage neuer Prozesse. Was heute Bewusstsein ist, kann morgen kollektive Emergenz sein. Was heute Kultur ist, kann morgen zur **Mitgestaltung der Weltstruktur selbst** werden.

Und vielleicht ist genau das die Aufgabe, die uns bevorsteht: **den Differenzfluss bewusst mitgestalten zu lernen**. Nicht durch Kontrolle, sondern durch Resonanz. Nicht durch Macht, sondern durch strukturelle Empathie.

Denn wer den Fluss versteht, weiß: Nichts ist ewig – aber alles kann werden.

Der Bootstrap ist kein Anfang. Er ist **eine Richtung**.

Nichts

Radikale Abwesenheit von Struktur, Relation, Identität – instabil und paradox, da es sich selbst nicht aufrechterhalten kann.

Differenz (□)

Erste Unterscheidung, aus der alle weiteren entstehen. Kein Ding, sondern ein Akt. Die kleinste mögliche Struktur im Strom.

Rekursion

Selbstbezüglicher Prozess, bei dem sich Strukturen auf sich selbst anwenden. Grundlage für Selbstorganisation und Emergenz.

Bootstrap

Ein Prozess, bei dem sich ein System aus sich selbst heraus strukturiert. Kein externer Ursprung, sondern interne Rekursivität.

Fluktuation / Quantenunschärfe

Strukturelle Instabilität, die neue Möglichkeiten eröffnet. Nicht Defizit, sondern Quelle kreativer Emergenz.

Raum und Zeit

Emergente Relationen aus gerichteter Differenzausbreitung. Keine Bühne, sondern Produkte strukturierter Prozesse.

Teilchen / Oszillatoren

Stabile Muster im Differenzfeld. Kein Stoff, sondern stehende Wellen, die sich selbst durch Wiederholung erhalten.

Feld / Wechselwirkung

Gekoppelte Differenzräume. Ausdruck davon, wie Strukturen aufeinander reagieren und sich gegenseitig modulieren.

Materie

Komplex organisierte Vielheit stabiler Muster. Emergent, skalierbar, strukturiert durch Wiederholung und Bindung.

Leben

Selbsterhaltende, sich replizierende Differenzstruktur mit Variation. Evolution als rekursive Differenzoptimierung.

Bewusstsein

Reflexiver Strom, der eigene Differenzierungen beobachtet. Innenwelt als Simulation des Außen durch rekursive Modelle.

Subjektivität

Temporäre Schleife im Differenzfluss mit kohärenter Innenstruktur. Kein fester Kern, sondern selbstähnliches Muster.

Kultur

Kollektive, vernetzte Rekursion zwischen Subjekten. Sprache, Symbolik, Normen als geteilte Differenzmuster.

Emergenz

Das qualitative Neue, das aus rekursiver Strukturierung entsteht. Unvorhersagbar aus Einzelteilen, aber strukturell plausibel.

Richtung

Was dem Prozess Orientierung gibt, ohne Ziel zu sein. Im Bootstrap keine teleologische Finalität, aber strukturelle Tendenz.